新装版

眠る前に1分間ください。明日、かならず「良いこと」が起こります。

植西 聰

WAVE出版

はじめに

どんなに強く見える人でも、泣きたくなる日があります。
やりたいことをやって自由に生きている人と自分を比べて、落ちこんでしまう日もあります。

現代は、マジメでがんばり屋の人ほど、苦しくなってストレスをためてしまう傾向にあるようです。

「目の前のことに追われてしまって、ゆっくりと将来のことを考える暇もないくらい忙しい」
「落ち着いたらゆっくりしようなんて思っても、次々にやるべきことができて、いつまで経っても落ち着くことができない」
「このままでいいのかなと、漠然と将来に不安を感じてしまう」
「毎日毎日がんばっているのに、全然報われない」

みんな、怠けているわけではありません。それなのにこんな風に、多くの女性たちがなぜか苦しんで、未来に対して明るい気持ちを持てなくなってしまっています。

この本は、そんながんばる女性たちが、気持ちをラクに、毎日を笑顔で過ごせるようになるためのコツを紹介するために書いたものです。

すべての項目を、1分程度で読み終えることができる短さにしてありますが、文章を読んであれこれと考えることが難しいくらい疲れてしまった日は、イラストをパラパラと眺めるだけでもかまいません。固くなった気持ちをほぐしてくれるはずです。

また、見出しの空白部分にイラストや気づいたことを書きこむのも良いでしょう。好きなように使ってください。

眠る前に目にする言葉は、とても大事です。なぜならば、一日の終わりに良い文章を読んで心をポジティブな状態にできれば、次の日を明るい気持ちで迎えられるからです。

そうやって朝から清々しい気持ちで夜までを過ごせると、その次の日はより一層、心がプラスの状態になります。それを繰り返すと、不思議なことに身の回りに起こる出来事が変わってきます。

眠る前に心の状態をポジティブにする習慣を持つことで、少しずつ人生までもが変わってくるのです。

私たちの毎日は、環境や他人の言動に左右されているようでも、実は自分の心の持ち方に大きな影響を受けています。

この本に書かれていることは、決して難しいことではありません。「できない」「無理」と思わずに、まずは実践してみてほしいと思います。

小さな変化が、人生を大きく変えるきっかけになるかもしれません。

contents

Chapter 2
眠る前の１分間で、自分を愛する

Chapter 3

眠る前の１分間で、未来への希望を持つ

Chapter 4

眠る前の１分間で、心の中のモヤモヤを消す

Chapter 6

眠る前の１分間で、人間関係を変える

Chapter 7
眠る前の１分間で、
言葉を変えて人生を変える

Chapter 1

眠る前の１分間で、
プラス思考になる

すべての出来事は、プラスに受け取れる

コインに表と裏があるように、すべての物事にも「表」と「裏」、つまりプラスとマイナスの面が存在します。たとえば、結婚式で雨が降ると、「ツイていない」と感じる人が多いでしょう。

しかし、キリスト教では、「雨は天からの贈り物」と言われています。雨は幸せの象徴で、天が二人を祝福しているという言い伝えがあるそうです。日本にも、「雨降って、地固まる」ということわざがあります。

つまり、物事にはさまざまな意味があり、その意味はプラスにもマイナスにも解釈できるということです。

私たちは思い通りにならないことがあると、ついマイナス思考になりがちです。けれど、どんなことにもマイナスの面だけでなく、プラスの面があると知り、プラスの解釈を意識的にするようにすれば、日常から不幸な出来事は減っていきます。今日、自分の身に起きた嫌な出来事にもかかならず、プラスの意味があるはずです。

「失敗ばかり」は単なる思い込み

「自分は運が悪い」という思い込みを心の奥底に持っていると、何か起きたときに、マイナスの意味づけをしてしまいがちです。

先日、知人から「仕事でいつもミスばかりしている」と悩みを相談されました。彼女が、本当に多くの失敗をしているかというと、そんなことはありません。聞いてみると「いつも」というのは単なる思い込みで、ほんの数回うまくいかなかっただけなのです。

実際には、すぐに取り戻せる「小さなミス」をときどき起こしてしまうだけなのに、マイナスの思い込みが強いために、「やっぱり自分は仕事ができない」と自信を失ってしまっていたのです。

このようなマイナスの思い込みは、心にマイナスのエネルギーをためて、運まで悪くしてしまいます。

うまくいかないことがあっても、「今回はたまたま、うまくいかなかった」「次はきっと大丈夫」というように解釈をして、心をプラスに切り替えましょう。

うまくいかなかったこと
から教訓を学ぼう

「失敗は成功のもと」ということわざがあります。

失敗はしないに越したことはありませんが、避けられないこともあります。人はかならず失敗してしまうのです。

失敗するたびに自分を責めたり、落ち込んだりしていると、心がどんどんマイナスの状態に傾いてしまいます。

失敗したとしても、「次からは、こうすればうまくいく」というプラスの面を探し出して、気持ちを切り替えることをおすすめします。

たとえば、仕事で自分のアイディアが採用されなかったとき。

ただ落ち込んでしまうのではなく、「次はどうすれば採用されるだろう」という視点で考えてみるのです。

そうすると、「もっとわかりやすい内容のほうがいいかな」「お客さんが求めているアイディアは何なのか、探ってみよう」といった前向きな教訓を導き出すことができるはずです。

失敗を失敗のままにしていても、気持ちが暗くなってしまうだけです。失敗を、次の成功を助ける「学び」に変えていきましょう。

起きてしまった結果を、単なる「失敗」にするか、それとも「教訓」にして次に生かすかを決めるのは、自分自身の心です。

何もかもが思い通りにならないときもある

人生には「やることなすこと、うまくいかない」という時期もあるものです。そんなときは、「今は人生のデトックス期間」と考えてみましょう。

医学的にデトックスとは、日々の暮らしの中で体内に取り入れてしまった毒素を体外に出し、有害物質を取りのぞくことを指します。その際、人によっては熱が出たり、下痢や嘔吐をするなど、ひどく体調を崩してしまうこともあります。

これと同じことが、精神面でもあるのです。どういうことかというと、人が次のステージに進もうとするときには、体内にたまったマイナスのエネルギーを一気に放出するため、一時的に良くないことが次々に起こってしまうのです。

「夜明け前が一番暗い」ということわざがあります。

これは、「今がどん底だったとしても、この状況は長くは続かない。もうすぐ夜は明ける」という意味にも取ることができます。

すべてが思い通りにならなくても自暴自棄にならず、ここを乗り越えたら、また楽しい出来事が訪れると考えることが大切です。

幸せへの道はいくつも存在している

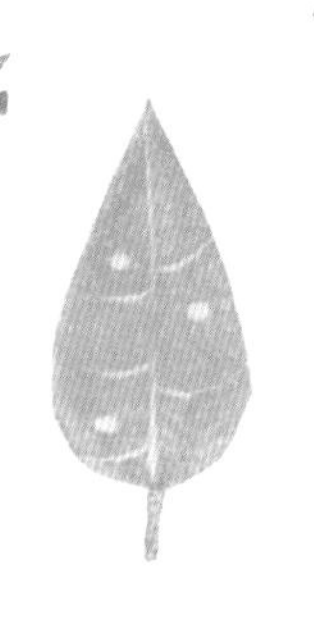

私たちは「思い通りの人生になれれば、かならず幸せになれる」と考えがちです。しかし人生とは不思議なもので、何が幸いして何が災いするのかわかりません。自分の思い通りになったとしても、結果的にマイナスの状況に巻き込まれることがあります。逆に、自分の思い通りにならなかったことが、実はラッキーだったということもあるのです。きっと誰もが経験あるでしょう。

ある女性は、結婚をきっかけに、夫が生まれ育った地方に移住しました。都会で育ってきた彼女は、「結婚後も都会に住み続けたい」と願っていましたが、夫の仕事の関係で転居を余儀なくされたのです。

そんな彼女は、転居から数年経った今、「都会と違って不便なこともあるけど、私にとってはこっちのほうが暮らしやすい。移住して良かった」と言っています。

幸せになる道は、一つだけではありません。

「この予定外の出来事が、自分に新しい世界を見せてくれるかもしれない」このように気楽に考えることが、良い結果をもたらすのです。

逆風は、見方を変えれば追い風に

私たちは、仕事で重要な案件を任されたら、「失敗することは許されない」「絶対に成功させなければ」と感じます。子どもを産んで母親になったら、「自分ががんばって、この子をしっかり育てなければ」と心の奥底で考え続けます。

このようなプレッシャーが、ストレスになってしまうことがあります。そのせいで焦ったり、気持ちに余裕がなくなったり、人に優しくできなくなったりしてしまうこともあるでしょう。

しかし、プレッシャーというのは、見方を変えれば悪いことばかりではありません。

先日、ある有名なアスリートが「プレッシャーがあるからがんばれるし、成長できる」と発言していました。

この姿勢を見習い、プレッシャーを感じたときこそ、「このプレッシャーが、私の成長を後押ししてくれているんだ。追い風にしてがんばろう」ととらえるようにしましょう。気持ちがラクになり、ストレスも軽減されるはずです。

新しい挑戦には、「6割できればそれで良い」

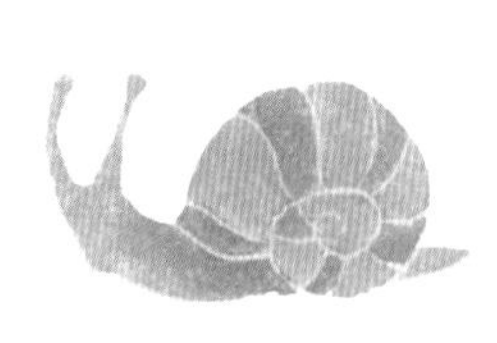

悩みやすい人というのは、完璧主義の傾向が強くあります。

知人の女性が最近、ピアノを習い始めました。大人になってから楽器をマスターするというのは、なかなか難しいものです。

完璧主義の彼女は「私にはピアノは向いていない」と思い悩んだり、「このまますっと上達しないかも」と不安になったりしていました。

何事もそうですが、いきなり上手にできることなんてありません。小さな失敗を繰り返しながら、少しずつミスを減らし、完成度を高めていけばいいのです。

どんなことでも、完璧を求めると心が苦しくなります。ですから、何かに挑戦するときは「6割くらいできれば十分」と考えることをおすすめします。そうやって考えるほうが、楽しく物事を進めることができるのです。

さらに、どんなことも楽しく取り組むことができれば続けられるようになり、続けていくことができれば、自然と実力もついていくものなのです。

不安なときは、持っているものを確認しよう

人は、「自分にないもの」ばかりに注目して、そのことを嘆いたり悲しんだりする傾向があります。

自分の思い通りにいかなかった部分だけを見て、「本当はもっと良い大学に行きたかった」「お金持ちの家に生まれたかった」などとグチをこぼすのです。

しかし、持っていないから不幸なのかというと、そんなことはありません。実は、たくさんのものを持っているのです。

仕事があること、健康であること、家族がいること、教育を受けられたこと、平和に暮らせること……どれも持っているものばかりではありませんか。

「そんなの持っていて当然」と思ったかもしれません。けれど、どれも決して当たり前のことではなく、それを持っていない人にとっては、のどから手が出るほど欲しいものばかりなのです。

不満や不安が心に浮かんだら、足りないものではなく、持っているものを確認してみませんか。「自分はすでにたくさんのものを持っていたんだ」と気づくだけで、心が軽くなります。

一日の終わりに、良いことを探して書き出そう

今日起こった良いことを手帳に書き出してから、一日を終えてみましょう。すると、良い気分で眠りにつくことができます。

「書くことなんて一つもない、つまらない日だった」と思ったかもしれません。それでももう少しだけ探してみましょう。意外とたくさんあるものです。偶然入ったカフェで好きな曲が流れていたとか、満員電車で座れたとか、本当にちょっとしたことでかまいません。

もし、それでもどうしても良いことが見つからないという人は、明日、初めてのことに挑戦してみましょう。降りたことのない駅で降りてみる、入ったことのない店に入ってみる、といった簡単にできることで良いのです。試してみて、ぜひ手帳に書いてください。

こうやって日常生活に本当は「良いこと」がたくさんあると気づくだけで、毎日が少し、楽しくなるはずです。

Chapter 2

眠る前の１分間で、
自分を愛する

自分自身を喜ばせる時間を確保しよう

優しい人、真面目な人ほど、自分よりも他人を優先させる傾向があります。そして、ふと我に返ったときに「どうしてこんなに忙しいんだろう」とため息をついてしまったりします。

それがときどきなら良いのですが、頻繁にあるのなら、生活パターンを少し変えることをおすすめします。

どうするかというと、自分を喜ばせてあげる時間、自分のためだけの時間を定期的に確保するのです。

たとえば、映画を見るのが好きなら、「毎月第１土曜日は好きな映画を見る日にして、他の人に誘われたり何か頼まれたりしても断る」などと決めてしまうのです。

ポイントは、時間ができたらしようという考え方をやめて、何よりも優先して自分の時間を作る意識を持つことです。

まずは、自分の心が喜ぶことは何かを考えるところから始めてみましょう。

自分が苦しくなる縛りは捨ててしまう

職場でも、友人関係でも、ルールをきちんと守れる人は、「誠実な人」と一目置かれます。

しかし、「絶対にルールを守らなければ！」と義務感が強くなりすぎると、自分を苦しめることになってしまうので、注意が必要です。


「残業は断らないようにするべき」

「子どもは親の言うことを聞かなければならない」

このような言葉は、自分を苦しめてしまう場合があるのです。

特別な理由があれば、残業を断ってもかまいません。

いくら親の頼みでも、理不尽なお願いは聞かなくても良いのです。


「〇〇すべき」「〇〇しなければならない」という言葉のせいで自分が苦しくなるのなら、そのようなルールは捨ててしまいましょう。

そして、何か行動をするときは、「〇〇したい」という気持ちを基準に動くのです。そのほうが、毎日を楽しく、苦しまずに過ごすことができます。

人に求められることより、
自分のやりたいことを

保育園や幼稚園に通っていたころはみんな、自分に素直に生きています。それぞれ、その子らしい毎日を過ごしています。

元気に走り回っている子、いたずらばかりしている子、絵を描くのが大好きな子……。みんな誰からの強制も受けず、自分が楽しくなることを自然と選んで生きています。

しかし、小学校に入り、中学、高校、大学、そして就職と、年齢を重ねるにつれていろいろな制約を受けて、いつの間にか「自分のやりたいこと」よりも、「やらなければいけないこと」や「人に求められること」をする時間が増えていきます。

それによって、自分のものであるはずの人生が、自分のものでなくなってしまうかもしれません。

「人生なんて、そんなもの」と思った人もいるでしょう。

それでは寂しすぎます。

毎日を楽しく幸せに生きたければ、もっと自分の心に耳を傾けることです。

忙しすぎて自分らしさを見失っている人は、一度立ち止まって「私らしさって何だろう」と考えてみましょう。

それがわかったら、自分らしくいられる楽しい時間を、生活の中で少しずつ増やしてみてください。

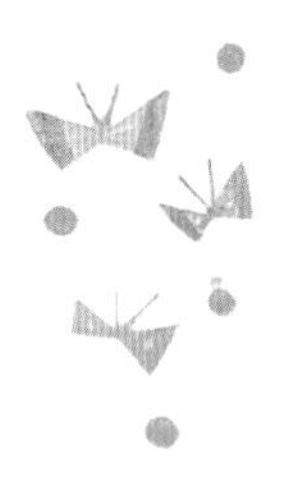

ネコのように わがままに過ごす

何かに迷ったとき、「あの人がこう言っているから」「みんながそうしているから」「こっちのほうがメリットが多いから」という理由で選んでいませんか。

そうではなく、「これが自分らしいと思うから」「これが好きだから」ということを基準に選んでみましょう。

わかりやすく言うと、ネコのように生きれば良いのです。

ネコの行動には、「こうやったら得をする」という計算高さがありません。飼い主に呼ばれても無視することもあれば、急に甘えてきたりして、気まぐれな生き物です。

もちろん、人にはさまざまなしがらみがありますから、常に自分の好き勝手に生きられるわけではありません。しかし、心が疲れたときは自分を解放して、「今日はネコのように生きるぞ」という日があっても良いように思います。

ときどきでかまいません。ネコのようにわがままに過ごす日を、自分のために設けてみませんか。

嫌なことを避けるより、楽しいことを増やそう

人はつい、うまくいかないことを誰かのせいにしてしまいます。

「あの嫌いな上司がいなければ、自分はハッピーなのに」と考えてしまったこと、一度くらいあると思います。

しかし実際には、嫌いな上司がいなくなってもゼロの状態に戻るだけで、幸せになるわけではありません。

嫌なことから逃げたって、幸せには近づけないということです。

幸せになるためには、自分の心が喜ぶことに集中することが大事です。人生を楽しんでいる人は、「嫌なことから逃げている人」ではなく、「自分の心が喜ぶことをしている人」です。

今の生活に不満や不安があるなら、逃げたいことに焦点を当てるのではなく、心が喜ぶことを探してみてください。

そのうえで、心を喜ばせるために結果的に距離を置いたり、付き合いをやめたりする人がでてくるのは、仕方ないことでしょう。

思いっきり自分を嫌になってみる

「自分のこういうところが嫌だなあ」と思って、その嫌な部分をなくそうとしても、なかなかうまくいきません。むしろそれがストレスになって、ますます自分が嫌になってしまったりします。

そんなときは発想を変えて、「思いっきり自分を嫌になってみる」のも良いものです。

何度も何度も手を洗ってしまうという強迫性障害の傾向のある人に対して、「手を洗う必要はないですよ」と注意するより、「気がすむまで手を洗ってくださいね」と声をかけるほうが、症状が良くなるのと同じです。

たとえば、休日は一日中ダラダラしてしまうルーズな性格が嫌だと思っているなら、今週末は思いっきり気がすむまでダラダラして、そんな自分を許してあげましょう。

ダメなところを気にしてストレスをためるのではなく、ダメな自分も受け入れて、笑顔でいる時間を増やすのです。すると不思議なことに、自分はもちろん周囲の人にもプラスの影響を与えられるのです。

一つの方法に固執しない

明確な「目標」を立てるのは良いことですが、それを叶える「手段」にとらわれすぎて目標を見失ってしまっては、ハッピーに生きられません。

エベレストの登山を例に考えてみましょう。エベレストを頂上まで登るルートは、ネパール政府が認定しているものだけで15種類あります。

「このルートで頂上まで登ろう」と思って登り始めてもうまくいかず、途中であきらめる人も多くいます。そんなとき、「絶対にこのルートで行く」といつまでも手段にこだわっていると、エベレスト登山という本来の目標を見失ってしまいます。

精一杯やってみてダメだったら、「次は違うルート（手段）で挑戦してみよう」と思える頭の柔らかい人のほうが、頂上（目標）にたどりつける可能性は高いでしょう。これは、登山に限らず、すべての挑戦に言えることです。

一つの方法に固執しなくてもいいのです。どんな方法であれ、自分らしい生き方をしてハッピーに生きることができれば、それでいいのです。

手段にとらわれて、目標を見失わないようにすることが大切です。

うまくいかなくても、
根拠がなくても、
自分を信じてあげよう

幸せに生きるためには、自分を信じることが大切です。

「私なんか、がんばっても幸せになれるはずがない」

「私は昔から失敗ばかりだった。また今回も失敗するに違いない」

「ちょっとうまくいったからといって、調子に乗ると絶対に痛い目にあう」

心の奥にそんな気持ちがあると、なかなか幸せを感じられず、不満ばかりの毎日になってしまいます。


「自分らしく生きる力」を鍛えるには、まずは「自分を信じること」、そして「自分を好きになること」が不可欠です。うまくいかないときも「私ならできる」と、自分を信じてあげることが大切なのです。


「私ってダメだな」とため息をつく代わりに、「がんばっているから、きっと良いことがある」と、自分自身に伝えてあげましょう。

自信を持つことや自分を好きになることに、根拠は必要ありません。

ただただそのままの自分を認めて、信頼してあげればいいのです。

Chapter 3

眠る前の１分間で、
未来への希望を持つ

心の奥底に隠した夢を、
もう一度目指してみよう

誰でも子どものころは、夢を持っていたと思います。

「歌うことが好きだから、歌手になりたい」

「ケーキ屋を開業して、かわいくておいしいケーキを作りたい」

それが、大人になって厳しい現実を目の当たりにしたり、周囲の否定的な意見に惑わされたりして、夢を持つこと自体をあきらめてしまった人も多いのではないでしょうか。


しかし、今からでも遅くはありません。もう一度、叶えたい夢を持ちましょう。

「考えるだけでワクワクする」「何だか楽しそう」と自分が思えることならば、どんな夢でも良いのです。

「平凡でも、ときどきうれしいことがあれば十分」という人もいるでしょう。

もちろんそんな人生も悪くはありません。けれど、もし心の奥に隠してある夢があるなら、もう一度、そこを目指してみませんか。

叶うか叶わないかは大きな問題ではありません。心の中に夢という太陽を持ち、そこに向かって進むことで、人生に張り合いが生まれるのです。

眠る前の10分間は「黄金の時間」

もし叶えたい夢があるのなら、眠る前の時間を有効活用しましょう。

方法は簡単です。「こうなりたい」「こうなったら幸せだな」という願望を具体的に、眠りにつく前にできるだけありありとイメージするのです。


眠る前の10分間は「黄金の時間」と呼ばれています。

昼間は、「こうしなくてはいけない」という理性や、「うれしい」「悲しい」「イライラする」といった感情を司る「顕在意識」が活発に働いています。

しかし、眠りに入る直前は、心の奥底にある領域、いわゆる「潜在意識」だけが働き始めるのです。そのため、ウトウトしている状態のときにイメージしたことは、潜在意識に強くインプットされます。布団やベッドの中で目を閉じて「こうなりたい」という自分の姿を、頭の中にイメージしてみましょう。

その姿は、今の自分の状態からは遠くかけ離れたものかもしれません。想像しながら「こんな夢、叶うわけがない」と感じる人もいるでしょう。

でも、心配は無用。今はただ、「こうなりたい」という望みを自由に空想するだけで良いのです。それだけで、どんどん自信が溢れてきますから。

夢を叶えるのは、才能、学歴ではなく、良い心の状態

「自分には才能がない」という理由で、夢をあきらめてしまう人がいます。

しかし、実際に夢を実現させている人たちが、みんなそろって天才だったり、特別な才能を持っていたりするかというと、そうではありません。


夢を叶えるのに、才能など必要ないのです。

生まれや育ち、学歴や性別、年齢も関係ありません。


では、夢を叶えた人とそうでない人の違いは、どこにあるのでしょうか。それは、「私はきっと、夢を実現させることができる」と強く信じる気持ちがあるかどうかだけです。

つまり、本当に重要なのは心の状態であり、本気で「夢は叶う」と信じて、心の中にプラスの感情を増やしていくことなのです。

ここで、「信じることが難しいのに……」と思ったかもしれません。そんなマイナス思考になりがちな人でも、心の状態を良くすることは可能です。

繰り返しますが、とらえ方次第で、心はプラスにもマイナスにもなるのです。

夢や目標は鮮明にして、叶う日付を先に決めよう

夢や目標は、できるだけ鮮明に、具体的に決めたほうが、叶う確率が高くなると言われています。とくに効果が高いのが、その夢が叶う日の日付を入れるということです。

日付を入れた夢を書き出して、眠る前にそれを眺めてみましょう。

「３年後の○月×日に結婚する」
「２年後の□月×日までに英検２級を取る」

こんな簡単な書き方でも、効果は十分にあります。

自分の成功を信じ、目標を明確に持つことができるようになると、不思議なことに周りで起こる出来事が変わってきます。その目標を達成するために必要な情報が、自然と集まってくるようになるのです。

なぜかというと、頭の中に目標が埋め込まれたため、それに関係のある情報を見つけると、脳が自然にそれをキャッチしようとするからです。

こうして夢は、ますます叶いやすくなるのです。

挑戦する前から
心配しすぎず、
まず一歩踏み出す

「雨が降ったら傘をさす」という松下幸之助氏の言葉をご存知ですか。

この言葉は、本当の雨降りの日の出来事を話しているわけではありません。どういうことかというと、「実際に雨が降ってきたら、そのときに傘をさせばいい。雨が降る前から、雨が降ったらどうしようと心配ばかりしていないで、思い切ってやってごらん」という意味だと言われています。


「夢を追いかけよう」

「なりたい自分になろう」

そんな気持ちはあるのに行動がついてこないという人は、雨が降ったときの心配ばかりをしている人と似ています。


行きたい場所があるのに、雨降りをおそれて出かけられない人と、雨が降ってきそうな空の下でも歩みだせる人とでは、後者のほうが行きたい場所にたどりつける可能性はずっと大きくなります。

まずは一歩、踏み出してみましょう。

自分の年齢を忘れて
チャレンジ

何かを始めたくても、年齢を理由に足踏みしてしまうことがあります。現代社会が、「若い年齢の人」をもてはやす傾向があるのは確かです。

しかし、「もう若くはないから」「年を取ってしまった」という言葉は、今日限り口にするのはやめましょう。

今の日本では、一昔前と違って、女性が自由に生きることができます。

30代で新しい仕事を始めたり、自分で会社を作って働いたりする女性もいます。40代で結婚や出産をする人も珍しくありません。50代で新しい習い事を始めて、人生の楽しみを見つける人もいます。

いっそ「自分の年齢は忘れた」くらいの気持ちで日常を過ごしましょう。

するとフットワークが軽くなって、新しいことにチャレンジしてみたくなったり、新たな夢や、やりたいことが見つかったりするものです。

敵は自分の中にいる。
責めずに、うまく付き合う

目標に向けて行動しようとしたとき、それを邪魔する存在が現れることがあります。たいていの場合、その正体は、家族でもなければ他人でもありません。

では何かというと、それは自分自身の中にある怠け心や、弱い気持ち、できない理由を探してしまう心です。

ですから、何かにチャレンジするときはまず、自分の中の悪いクセをあらかじめ理解して、そのような気持ちに打ち勝つ覚悟を持たなければいけません。

陽明学の祖である王陽明の言葉に、「山中の賊を破るは易く、心中の賊を破るは難し」というものがあります。

この言葉は、まさに敵は自分の中にあるということを示しています。

誰にでも、弱い部分は存在します。それを責めるのではなく、上手に付き合いながら、なりたい自分に近づいていけば良いのです。

Chapter 4

眠る前の１分間で、心の中のモヤモヤを消す

つらいだけの思い出は、早く忘れてしまう

人生には、覚えておいたほうが良いことと、忘れたほうが良いことがあります。仕事での成功、大切な家族や友だちと過ごした日々、大好きなあの人との初デートなど、考えるだけで自然と笑顔になるような思い出は、記憶にとどめておくべきでしょう。

逆に、仕事の大失敗、友人に陰口を言われて傷ついたこと、大好きだった人との失恋など、マイナスの感情を思い起こさせる思い出は、できるだけ早く忘れてしまいましょう。

「忘れたいのに、繰り返し思い出してしまって苦しい」という人も多くいると思います。そのような人は、「この記憶は今、私の中から消えようとしている最中だ。悲しい記憶、さようなら」と言葉にして唱えてみてください。気持ちがラクになります。

それを何度も繰り返しているうちに、思い出しても心がつらくならない日がやってきます。それは、自分が成長して、悲しい記憶を乗り越えたということです。どんなにつらい出来事でも、乗り越えられる日がかならず来ます。

泣きたいときは、思いっきり泣けばいい

泣くことには、ストレスを解消する効果があると言われています。

ですから、泣きたくなったら我慢せず、思いっきり涙を流しましょう。

私たちの体内には、頭の先から足の先まで、神経が張りめぐらされています。

その中でも、自分の意思とは関係なく刺激や情報に反応して、体の機能をコントロールする神経を「自律神経」といいます。この神経は、交感神経と副交感神経という正反対の働きをする２つの神経から成り立っています。

涙を流すことによって、副交感神経が刺激され、リラックス効果が高まります。

泣いた後に、「スッキリした」「気持ちが軽くなった」と感じるのはそのためです。

大切なので繰り返します。泣きたいときは、思いっきり泣けばいいのです。

もし涙が出ないなら、１人で悲しい映画を見て、涙を流すのもいいでしょう。

ハンカチが涙でびしょびしょになるころには、心はスッキリと晴れ渡っているはずです。

落ち込んだときは「締め切り」を決めて落ち込もう

何をしても心のモヤモヤが晴れないときもあると思います。そんなときは、「締め切り」を決めて落ち込んでみると良いでしょう。
「この期間だけは、どんなに落ち込んでもかまわない」と自分に宣言するのです。

悲しいことやつらいことがあれば、誰でも落ち込んでしまうものです。それは、人間なら当たり前の感情の働きです。だからといって、いつまでも落ち込んだ状態が続くのは良くありません。

重い荷物をずっと持ち続けている状態を想像してみてください。最初のうちは何とか持っていられますが、時間が経つにつれて徐々に手が痛くなり、やがて限界に達することでしょう。

心の状態もそれと同じです。ネガティブな感情という重い荷物は、時間が経てば経つほど重みが増すのです。そして、一度重くなってしまった心を元の状態に戻すのは、なかなか大変です。

しかし短時間ならば、たとえ深く落ち込んだとしても、その後の回復も早くてすむのです。

過去は変えられない。
でも、未来は自由に作れる

過去のことがとても気になってしまう人がいます。
しかし、過去に対する後悔は、心の中にマイナスのエネルギーを増やし、幸せへの感度を鈍らせる原因になります。
それに「あのとき、ああすれば良かった」と過去を思い出して後悔にとらわれることは、視野を狭くして、目の前に幸運がやってきても見逃してしまうことになります。

事実としての過去は変えられません。

しかし、未来は自由に作ることができるのです。

せっかくの一度きりの人生です。
今からは、「この経験から、自分は何を学べただろうか」「次はどうすればうまくいくか、試してみよう」と、気持ちを「未来」へと切り替えていきましょう。

解決できない悩みは、受け入れるしかない

人間は、いろいろなことに悩みながら成長していくものです。

しかし、悩みの種類によっては、どんなにがんばっても解決できないものがあることも理解しておきましょう。

たとえば、「5年前に友だちに言ってしまった言葉を後悔している」というような悩みは解決しようがありません。

いくら悩んでも、タイムマシンで過去に戻って人生をやり直すことはできないからです。

もし、今自分の抱えている悩みがこれと同じ種類のものだったら、「これも私の人生だ」と口にしてみてください。心の中のモヤモヤが次第に消えていき、その悩みを受け入れられるはずです。

「悩んでも仕方のない過去のことはもう考えない」と固く決めて、そのエネルギーと時間を、未来の幸せのために使ってください。

周りもみんな、
不安や悩みを
抱えて生きている

心の中にモヤモヤをため込みがちな人は、いつも不安やイライラなどのネガティブな感情に振り回されています。

彼らは「周りはみんな幸せそうなのに、自分だけこんなに不安なのはなぜ？」という思いを抱えているケースが多いものです。

しかし、どんな人でも心の中には大なり小なりの悩みや不安を抱えているものです。どんなに前向きに生きている人でも同じです。

たとえば、いつも元気で明るいイメージの芸能人でも、その裏では、仕事がなかなかうまくいかなくて悩んでいたり、プライベートで不幸な出来事が起こって落ち込んでいたりします。

ただ、人前に出るときに暗い顔を見せたり、「私は運がない」などと不満をこぼしたりしないだけなのです。

生きている限り、不安や悩みがゼロになることはありません。ですが、悩みを抱えたままでも、不安を持ったままでも、明るく幸せになることはできます。

今のままの自分で、幸せになることを目指せるということです。

部屋を見回して、自分の精神状態を確かめてみよう

風水では、「部屋を掃除していらないものを捨てると、運気を呼び込むことができる」と言われています。なぜなら、部屋の状態は、そこに住む人の精神状態を映しているという説があるからです。

精神状態が良い人の部屋は、きちんと片付けられていて、逆に精神状態があまり良くない人の部屋は、着なくなった服など不要なものが多いというわけです。

この仕組みを使って自分の心をキレイに整頓してみましょう。古くなって使わなくなったもの、壊れかけているけど、直さずにそのまま置いているものなどを、この際処分してしまうのです。

「もったいない」「面倒くさい」と抵抗する気持ちもわかります。しかし、使っていないものや壊れかけのものは、心にネガティブな感情を呼びよせてしまうのです。

コツとしては「今までありがとう」と感謝の言葉を口にしながらゴミ袋に入れると、「まだ使えるのに……」という罪悪感なく、スムーズに処分できます。

いらないものを処分し終わったころには、良い気分になっているはずです。

今がどんなにつらくても、1年後には忘れている

「のど元過ぎれば熱さを忘れる」ということわざがあります。
どんなに苦しいことも過ぎ去ってしまえば、その苦しさなんて忘れてしまう、という意味です。

私たち人間は、忘れっぽい生き物です。
何日も寝込んでしまうほど悲しいことがあっても、震えるほど腹が立つことが起きても、半年、1年と経ち、「去年の今ごろは、どんなことで悩んでいたのだろう？」と思い返してみると、案外覚えていなかったりします。

永遠に続く苦しみなど、実際には存在しないのです。

ですから、心の中でモヤモヤが渦巻いていたとしても、「1年後には忘れている」と考えてみてください。
最初は気休めに感じていたとしても、次第に元気が戻ってくるでしょう。

深呼吸をして、嫌なイメージを吐き出そう

どうしても気持ちが晴れないとき、楽観的に考えられないときは、一度立ち止まって深呼吸をして、気分転換をしてみましょう。

やり方は簡単です。はじめに、鼻から息を吸います。新鮮で素晴らしいエネルギーを吸い込むつもりで空気を取り入れてください。

次に、お腹を引っ込めながら、息をできるだけ長く口から吐くのです。このとき、頭の中の嫌なイメージを息と一緒に吐き出す感覚で行ってください。

息を吐ききった後は、再び鼻から息を吸い込みます。

それを何度か繰り返すうちに、脳と体からマイナスのエネルギーが消え去って、その代わりに、希望に満ちた新しいパワーで満たされているはずです。

夜、その日にあった嫌なことを思い出してしまったときは、そのまま眠るのではなく、この深呼吸法で気持ちをプラスに転換してから、眠りについてください。

翌朝を気持ち良く迎えられます。

どこかで見切りを
つけることも大切

「もう一度チャンスがあれば、昔の恋人と復縁できるかもしれない」「どうしても転職したい会社があるけど、何度申し込んでも不採用になる」

叶えたい願いがなかなか報われそうもないときは、「あきらめよう」と見切りをつけるのも大切です。

正確には「あきらめる」のではなく、「路線を変える」と考えるのです。

願いが強ければ強いほど、「あきらめるなんて無理」「これまでいろいろな努力をしてきたのに……」とむなしい気持ちになるのも理解できます。

けれど、その願いにこだわってばかりいると、未来の希望は見えないままです。

あきらめたからといって、負けではないのです。昔の恋人とは復縁できなくても、新しい出会いを求めていれば、運命の人に巡り会えるかもしれません。

希望していた会社には採用されなくても、別の会社に入ったら、やりがいのある仕事を任せてもらえる可能性だってあります。

別の可能性に目を向けることで、幸せにつながることもあるのです。

Chapter 5

眠る前の１分間で、心を喜ばせる

いつもの生活に、新しい流れを取り入れよう

私たちの生活の大半は、朝起きてから夜寝るまで、すべて何らかの習慣で成り立っています。

仕事や料理、掃除をするのも、心の底からやりたいからという理由ではなく、「毎日の習慣だからやっている」という人が多いのではないでしょうか。

習慣通りに生活するのが悪いのではありません。ただ、今の状況を「いつも同じことの繰り返しでつまらない」と感じているなら、生活に新しい流れを呼び込むタイミングと言えるでしょう。

「仕事が忙しくて、プライベートの時間が足りない」という人は、何か新しい趣味を始めてみてはいかがでしょう。「家にいてばかりで退屈」という人は、旅行やコンサート、ダンスやスポーツ観戦などの非日常を体験すると、ポジティブな感情がよみがえってくるはずです。

新しいことを始めたり、行ったことのない場所に出かけたりすると、それまで感じたことのない新鮮な気持ちが生まれます。

いつもの自分を少し変化させるだけでも、未来はプラスに向かっていくのです。

居心地の良い場所にいる時間を増やそう

自然はプラスのエネルギーの塊なので、触れるだけで元気をもらうことができます。元気が欲しいときは、地面に寝転がって大地の熱を感じてみましょう。

大きな木に抱きついて顔や体を密着させたり、海に浸かって海水の冷たさを皮膚で感じたり……。郊外で夜空を見上げて、またたく星の数を数えるのもいいと思います。

近くにそのような自然がない家に住んでいるなら、天井が高くて大きなガラスから太陽の光がたくさん入るカフェに行ってみるのでもかまいません。

大切なのは、「そこにいるだけで気分が安らぐ場所」に定期的に出かけることです。居心地の良い場所にいると、心の中のマイナスの感情がリセットされて、本来の自分に戻ることができます。

本来の自分でいる時間が長いほど、毎日を楽しく生きられるようになるのです。

心を整えたいなら、まずは体が喜ぶことを

心と体はつながっています。

穏やかな気持ちで笑っているときは、体の筋肉もリラックスしているのです。

逆に言うと、怒っているときは、体の筋肉が緊張して硬くなっていますし、心がつらくなったときは、体も疲れきっている証拠です。

そんなときは、体をほぐせば、心もほぐれます。

ストレッチや軽い運動で、筋肉をほぐしてみましょう。

すると、体はもちろん、気持ちまで軽くなってくるはずです。

ハードな運動をする必要はありません。ストレッチをしたり、朝起きてからラジオ体操をしたり、少しの時間でできて、体が喜ぶことはいくつもあります。

心を整えるためにも、体を整える習慣を持つようにしましょう。

良いことは「待つ」のではなく「見つける」もの

シンデレラが王子様に会えたのは、意地悪なままははたちの反対を押し切って、お城に出かけたからです。

良いことは「待つ」のではなく「見つける」もの。そう考えて、まず行動することが大事です。

「良いことないかな」と考えるのは、決まってヒマなときです。必死なときはそんなことを思う余裕はないので、ある意味、ぜいたくな悩みとも言えます。

ですから、「なんか良いことないかな」と思ったときは、「今、私はヒマなんだな。」ということは、何か始めるチャンスかもしれない」と気持ちを切り替えて、やってみたかったことにチャレンジしてみると良いでしょう。

そのためにも、日頃から「やりたいことリスト」を作っておいてください。そして「何か良いことないかな」と思ったら、すぐに行動にうつしてみるのです。

有給休暇が取れるなら、平日に休みを取って遊びに行くのも良いでしょう。

新鮮な気持ちで新鮮な場所に出かけることで、心は元気を取り戻します。

固くなってしまった心は、
小さな命に触れて
柔らかくしよう

動物には、人の心を安定させる不思議な力が秘められています。少し疲れたり悩んだりしたときは、動物に触れてみましょう。

ペットを飼っていない人は、通勤途中に目があったネコや、散歩の途中に通りがかる家で飼われているイヌでも良いと思います。写真や動画でもかまいません。

眠る前に、インターネットで子ネコや子イヌたちの動画を見るのが毎日の習慣になっている知人がいます。彼女は、手帳に動物の写真を入れておいて、イライラしたり、怒りたくなったりしたときにも、それらを眺めているそうです。

直接触れなくても、かわいらしい動物たちを見ているだけで、会社でどんなに嫌なことがあっても、「まあ、いいか」と忘れてしまえると言っていました。

悩み事があって行き詰まってしまったとき、その人の心は自分のことでいっぱいになっています。

そんな固くなった心をほぐしたいときは、小さな動物たちの力を借りることにしましょう。

がんばるよりもリラックス

公園で遊んでいる子どもたちは、とにかく楽しそうにしています。それは、彼らが「がんばって遊ぶぞ！」なんて思っていないからです。

子どもたちが大人に比べて元気で幸せそうなのはそのためで、リラックスして、心の底から好きなことをしているのです。

この点は、大人も見習ったほうが良いでしょう。

張り切りすぎて疲れたと感じたときに、「これじゃダメだ。もっとがんばらなければ」と自分を責めていませんか。

そんなときには「肩の力を抜いていこう」と思うようにしましょう。

がんばったって、がんばらなくたって、結果はそんなに変わりません。

何かを成し遂げるときに大切なのは、「最後まであきらめずに、コツコツと続けること」です。そのためには、無理にがんばる必要はありません。

落ち着いて、リラックスして、楽しみながら、前に進んでいきましょう。

Chapter 6

眠る前の１分間で、人間関係を変える

人はそれぞれ、違うスピードで成長している

誰にでも苦手な人がいるものです。

普通だったら絶対にしないような失礼なことをしたり言ったりする人も、世の中には少なからず存在します。そして、そういう人から嫌な目にあわされた日は、つい悪口やグチが出てしまうものです。

そんなときに思い出してほしいことがあります。

「人はそれぞれ、違うスピードで成長している」ということです。親しい友人や家族であっても、例外ではありません。

自分にとっては当たり前の他人への礼儀や思いやりを身に着けていない人が現れたとき、「あの人は絶対に間違っている」という思いが心に湧いてきたら、「あの人はゆっくり成長している最中だから」と考えるようにしましょう。

振り返ってみれば、自分にもまだ至らない点があるはずです。そして、自分が完璧でないように、他人も完璧ではないのです。

世界中の人が成長の途中である以上、他人を正確にジャッジすることはできないのかもしれません。

苦手な人は、やってはいけないことを教えてくれる先生

自分にとって苦手な人が、実は自分を成長させてくれているなんてことは珍しくありません。

小さなころにいじめられた子どもは、いじめのつらさをわかっているため、人一倍優しい人に育ったりします。

また、新入社員時代に厳しい上司の下でしごかれたおかげで、部下に優しく指導をすることを心がけるようになった、という人もいます。

人付き合いで嫌な思いをしたときは、その人を「人間関係のルールを教えてくれる先生」ととらえてみましょう。

憎らしく思っていても、「この人は嫌な先生として私の人生に現れて、人付き合いでやってはいけないことを教えてくれたのだ」と受け止めれば、怒りの気持ちも小さくなるでしょう。

憎しみや怒りの感情は、抱えているとその人自身が苦しくなるものです。

上手に気持ちを切り替えて、穏やかな心を取り戻しましょう。

ステキな人がいたら、その人のマネをしよう

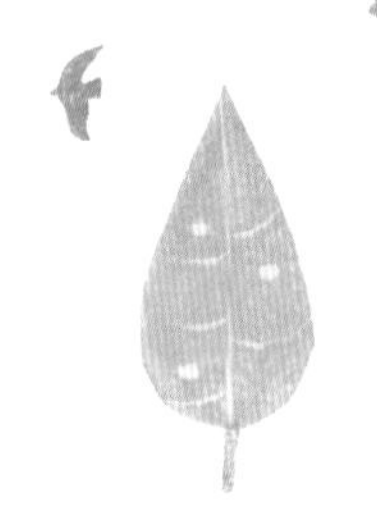

イギリスの探検家のラポック氏は、「自分と他人を比較して、他人のほうが優れていたとしても、それは恥ではない。しかし、去年と今年の自分を比較して、去年の自分のほうが優れているのは、立派な恥だ」という言葉を残しました。

私たちは、何かにつけてよく比べたがります。大切なのは、「以前」の自分に比べて「今」はどれだけ成長できているのか、「今」の自分に比べて「これから」どれだけ成長していけるのか、です。

すぐに他人と比較してしまうクセを改めるには、他人とではなく、過去と未来の自分との比較で考えてみるのが良いでしょう。

自分を基準にすると、他人の活躍に振り回されることがなくなります。

今日からは、すごい人を見たら、「それに比べて自分は……」と思う代わりに、「すごい！　自分もああなれるようにがんばろう！」と前向きに考えましょう。

そして、自分が昨日より少しでも成長できたと感じたら、大げさなくらい自分をほめてあげてください。

自分を嫌う人のことを気にしすぎない

「嫌われるのがこわくて、相手の頼みを断れない」という人がいます。

しかし、本当の人間関係というのは、たまにお願いごとを断ったからといって、簡単に壊れるものではありません。

逆に言うと、自分の気持ちに正直な対応をしたことで関係に亀裂が入るような友情なら、この先続けたとしても、ストレスがたまるだけです。

自分に素直に生きることで、離れる人が出てくる可能性はあります。

しかし、それをおそれる必要はありません。

なぜなら、自分らしく生きるうちに別の友人もできるし、新しい絆を作っていくことだって可能だからです。

人生では、人間関係が変わることはしばしばあります。本当に縁のある人たちとは、何があってもつながっていられるのです。

去っていく人より、これから迎える新しい出会いに期待しましょう。

幸せの形は人それぞれ

「仲の良い友だちが不倫をしていてすごく心配です」などのように、他人の悩みや問題を自分事にして、マイナスの影響を受けてしまう人がいます。そういう人は、いつも周りのことが気になって、なかなか自分のことに集中できません。どんなに心配しても、その友だちと不倫相手を別れさせることはできません。それは友だちの問題であって、自分の問題ではないからです。

自分以外の誰かのことは、思い通りにすることはできないのです。

そうやって他人のことを思って心にマイナスのエネルギーを増やすよりも、もっと自分の心を喜ばせるために自分の人生を使いませんか。もしどうしても心配なら、「彼女が不倫相手と別れますように」ではなく、「彼女が幸せでありますように」と願いましょう。

自分が「こうしたほうが良いのに」と思うことが、他人にも幸せであるとは限りません。それぞれの心が望む幸せの形は、違っていて当然なのです。このことを忘れてはいけません。

他人を変えようとするのは、非常にごうまんなことと言えるでしょう。

誕生日が近い友だちにカードを贈ろう

人は、誰かを喜ばせてあげたとき、大きな満足感を得られます。「どうせなら、誰かに喜んでもらうことをしよう」と意識するだけで、毎日の中でハッピーな時間が増えていくでしょう。

ですから、生活の中で人を喜ばせる習慣を持つと、どんどん心の中にプラスのエネルギーが増えていくのです。

難しいことをする必要はありません。ちょっと時間ができたときに、誕生日の近い友だちにお祝いのカードを贈るような簡単なことで良いのです。

「お誕生日おめでとう。ステキな誕生日を！」

そんなシンプルなメッセージでも、相手を喜ばせるには十分すぎる力を持っています。

人に与えた幸せは、巡り巡って自分のもとに返ってくることでしょう。そのためにも、日頃から手帳に友だちの誕生日を記録しておいてはいかがでしょうか。

鏡の中の自分をほめて、笑顔で眠りにつこう

ちょっとしたことでも人からほめられるだけでうれしくなって、自然と元気が湧いてきます。

とはいえ、ほめ言葉をかけてもらうのは、なかなか簡単ではありません。

だったら、自分で自分をほめてあげましょう。


「あなたはがんばっている」

「今日も一日、よくやった」

「あなたはキレイ」

「あなたはすごい」

「そのままのあなたで大丈夫！」


眠る前に鏡で自分の顔を映しながら、自分が言われたらうれしい言葉をどんどんかけてあげてください。良い効果がかならず現れます。

笑顔で眠ることができたら、明日はきっと良い日になります。

Chapter 7

眠る前の１分間で、
言葉を変えて人生を変える

言葉の原理を使いこなそう

言葉はエネルギーを持っています。プラスのエネルギーを持つ言葉は、それを口にする人の心にプラスのエネルギーを増やし、マイナスのエネルギーを持つ言葉は、マイナスのエネルギーを増やします。

この原理を理解してうまく活用できる人は、なりたい自分にどんどん近づいていくことができます。

うれしさや楽しさなど、プラスの気持ちを少しでも感じたら、「うれしい」「楽しい」「良かったね」「ラッキー」「ありがとう」「おいしいね」などと、声に出してみましょう。

注意すべき点もあります。せっかく良いことがあったのに、ただの偶然だとか、たいしたことではないと考えると、感動もすぐにしぼんでしまいます。

プラスの感情は、口に出してみると、何も言わないときに比べて、大きくなって実感しやすくなります。そして、自分が今いる環境がいかに幸せであるかも、改めて感じることができるのです。

批判や悪口から
距離を置いて暮らそう

「他人の批判や悪口は言わないようにしよう」と、今、決めてしまいましょう。

それだけで、怒りやイライラ、モヤモヤを減らすことができます。


それでも誰かに対するマイナスな言葉が、口から出てきてしまう日もあるでしょう。そのときは、いったん相手の立場になって事情をくみ取ってみましょう。

「あの人は、あの場でああするしかなかったのだろう。私にはわからないつらい事情を抱えているのかもしれない」

「彼女は精神的な弱さから、私に八つ当たりしたのだろう。たまったものではないけれど、彼女を責めたところで変わるものでもない。彼女の成長を祈ろう」

こんなふうに相手の気持ちに想像力を広げてみることで、自分の中の怒りやイライラが鎮まってくるのです。


批判や悪口は、言い終わった瞬間こそスッとしますが、「悪口を言ってしまった……」という罪悪感など、新しい苦しみを生み出してしまいます。上手に気持ちを切り替える方法を学んで、マイナスの言葉から遠ざかることが大切なのです。

誰も甘えさせてくれないから、自分で自分を甘えさせる

「どうして私っていつもこんなにダメなんだろう」

失敗してしまったときは、つい自分を責めたくなり、こんなふうに自分を否定する言葉を口にしてしまうこともあるでしょう。

反省するために多少、自分に厳しくなるのはかまいません。けれど、自分を責めすぎてしまうと、心がマイナスの方向に傾いて、運まで悪くなってしまいます。


誰だって、完璧ではありません。失敗することも、間違えることもあります。ですから、ほどほどに自分に甘いことも必要なのです。

「今回は失敗してしまったけど、次はきっとうまくいく」

「私にはダメなところもあるけど、良いところもたくさんあるから大丈夫」

失敗して落ち込んだときは、こんなふうに自分に優しく、励ましの言葉をかけてみてください。


大人になると、誰も自分を甘えさせてくれません。

ですから、自分が自分を甘えさせたって、罰は当たらないのです。

夢について語り合う

プラスの言葉で楽しく会話をできる相手とは、ただ話しているだけで心にプラスのエネルギーが増えて、どんどん運が良くなっていきます。
その中でもとくにプラスのエネルギーが強くなるのは、夢について語り合うことです。

「私は、来年までにこういう自分になるために努力しているんだ」
「すごいね、きっとうまくいくよ」

「今度、こんなことに挑戦しようと思っているの」
「あなたらしいね。がんばって」

このような会話は大きな勇気をくれますし、心にもプラスのエネルギーを増やしてくれます。不安になったときは、そういう親しい友だちと会って、夢について語り合うと良いでしょう。

楽しそうに生きている人から、なりたい自分になるヒントをもらおう

夢を叶えた人は、ツキや運気を自分の味方につけています。彼らの多くは、普段からプラスの言葉をよく使っています。

もし、なんとなく調子が出なかったり、思い通りにならないことばかり続いているというときは、夢を叶えた知人に話を聞きに行ってみましょう。そこでプラスの言葉をたくさん耳に入れると、元気が湧いてきて、変わるきっかけになるかもしれません。

楽しそうに生きている人たちの何気ない言葉づかい、ちょっとした行動、ささやかな思いやりには、なりたい自分になるためのヒントが隠されているのです。

「身近にそんな人はいない」と思った人もいるでしょう。そういう場合は、成功者の伝記を読んだり、講演会に行ったりしましょう。

そして、「この人のこういうところが良いな」と思った部分を、どんどんマネしてみてください。

話し上手ではなく、聞き上手を目指そう

人間関係学で有名なデール・カーネギーの著書『リーダーになるために』（創元社）にはこんな記述があります。
「聞くことは、あらゆるコミュニケーション技術の中でとくに大切なことである。成功をおさめるリーダーはとりも直さず、聞くことの価値を学んだ人たちである」

これは逆に考えれば、人の話を聞くことができていないリーダーたちがいかに多いか、ということを示しています。

会話中、多くの人は、自分が話すことに夢中で、相手の話を聞くことにそれほど神経を使っていません。

けれど、人は誰でも、自分の話を聞いてほしいと思っています。ですから、相手の話を真剣に聞く姿勢を見せることの価値は大きいと言えます。それだけで自分に対する相手の評価を変えられるかもしれないのです。

相手の話に耳を傾けることで、聞くほうにも新しい発見があるかもしれません。

言いたいことを我慢しすぎない

「NO」という単語は、一見マイナスの言葉のように感じます。

しかし、自分の心を守るためだったり、自分に無理をさせないためだったりする場合、マイナスの意味を持ちません。

「本当は断りたいのに、嫌だと言えずに引き受けてしまう」
「自分の意見を言いたいのに、他の人の考えが気になって、なかなか口にできない」

こんな経験は誰にでもあるものです。たまになら良いのですが、そのような機会があまりにも多いようだと、精神的にも苦しくなり、いつかストレスが爆発してしまいます。

そうなる前に、言いたいことをきちんと相手に伝えられる自分になることが大切です。とくに、言いにくいことは、時間が経つほど言いにくさが増していくので、早めに伝えてしまうことがポイントです。

大切なのは、自分の心に無理をさせすぎないことです。いつも自分が我慢をすることで成り立つ関係なら、その関係は健全ではありません。

「NO」を伝える勇気を持ちましょう。

プラスの言葉は、幸せを願う私たちの強い味方になる

とても大切なので繰り返しますが、言葉にはエネルギーがあります。プラスのエネルギーの強い言葉を口グセにすると、心にはどんどんプラスのエネルギーがたまります。


ある女性は、意識的に次の言葉を口グセにしました。

「なんだかんだいっても、最後はうまくいく」

「絶対に実現するから、大丈夫」

不安な気持ちになったとき、彼女はこの言葉を口に出すことで、元気を取り戻すことができるのです。


職場や学校など、自由にしゃべることができない場所なら、ノートに書き出しても良いでしょう。肯定の言葉は、幸せを願う私たちの強い味方です。


「明日もきっと、良いことがある！」

毎晩、そう言って眠りにつくことで、明日はきっと良い日になるでしょう。

おわりに　――新装版によせて

最近、いろいろな人から話を聴いていると、皆さんさまざまな事で悩み、落ち込んでいるようです。


「失業して、なかなか新しい仕事が見つからない」

「経済的にやっていけなくなった」

「将来が不安だ」

「人間関係がうまくいかない」

「パートナーと別れることになった」

「このままだと結婚できないかもしれない」

等々。


このようなことで悩んでばかりいると、心はどんどんマイナスの方向へ傾いてしまいます。

そうなるとマイナスのエネルギーが心の中に充満し、体が不調になったり、うつ状態になったり、運が悪くなったりしてしまいます。

たった一度の人生ですから、このような状態になることはとても残念です。

この本は、心がマイナスの状態にならないためにはどうしたらよいのかについて書かれたものです。

つまり、心の状態をマイナスからプラスへ転換させる方法を述べたものです。

本書を読んで気づかれたかもしれませんが、1分間あれば1項目読めるような構成になっています。

1日1分、1項目でも構いません。

夜、眠りにつく前にもう一度、お好きなところから1項目ずつ読んでいただきたいと思います。

何度もくり返し読むことで、寝ている間に心はどんどんプラスになってきます。

夜、眠りにつく前は、心をプラスの状態にする絶好のチャンスなのです。

皆さんが、これを毎日実行されれば明日は「良いこと」が起こり、人生がバラ色に輝き始めるでしょう。

植西　聰

植西 聰（うえにし・あきら）

東京都出身。著述家。学習院大学卒業後、資生堂に勤務。独立後、人生論の研究に従事。独自の『成心学』理論を確立し、人々を明るく元気づける著述活動を開始。1995年、「産業カウンセラー」（労働大臣認定資格）を取得。
主な著書に『「折れない心」をつくるたった1つの習慣』（青春出版社）、『平常心のコツ―「乱れた心」を整える93の言葉』（自由国民社）、『心の疲れをとるコツ』（小社）。
近著に『「心配ぐせ」を無くせば人生10倍豊かになる』（ロングセラーズ）、『そわそわしない練習』（青春出版社）など。

新装版
眠る前に1分間ください。
明日、かならず「良いこと」が起こります。

2021年4月20日　第1版第1刷発行

著　者　植西 聰
発行所　WAVE出版
〒102-0074 東京都千代田区九段南3-9-12
TEL 03-3261-3713　FAX 03-3261-3823
振替 00100-7-366376
E-mail：info@wave-publishers.co.jp
https://www.wave-publishers.co.jp

装　幀　オオモリサチエ（and paper）
装　画　沙羅

印刷・製本　シナノパブリッシングプレス

NDC159　143p　17cm　ISBN978-4-86621-349-1